BIOGRAPHIE

DE

M. Claude ROSSIGNOL

LYON

IMPRIMERIE A. WALTENER & Cie

14, rue Belle-Cordière, 14

1887

BIOGRAPHIE

DE

M. Claude ROSSIGNOL

LYON

IMPRIMERIE A. WALTENER & Cⁱᵉ

14, rue Belle-Cordière, 14

1887

BIOGRAPHIE

DE

M. Claude ROSSIGNOL

Claude Rossignol, né à Volnay (Côte-d'Or), le 15 février 1805, fit ses études primaires à l'école du village ; puis ses parents l'envoyèrent chez un grammairien de Beaune qui lui donna les premières notions de la langue latine. L'écolier, très studieux, consacrait ses heures de récréations à l'étude des arts ; l'organiste de la ville l'initia à la musique ; il joua très agréablement de la flûte et dessinait à merveille. Après seize mois de latin, il entra en cinquième au collège de Beaune.

Il était de haute stature et dépassait de la tête tous ses condisciples ; mais sa science était si médiocre que, pendant plusieurs mois, il fut le dernier de sa classe. Les quolibets des élèves, les traits acérés du professeur ne le découragèrent point. Dieu bénit ses efforts, à la fin de l'année, il remportait un prix et un accessit.

En quatrième, Claude atteignit la première moitié de sa

classe. Il se distinguait par une grande facilité à composer des vers français et latins.

L'une de ses pièces françaises mit en émoi le collège. Le professeur ayant un jour laissé ses élèves choisir le devoir qui leur plairait, le caustique Volnaisien en profita, pour se venger des avanies reçues. Le lendemain, il présenta une fable en beaux vers. Le sujet était piquant; il s'agissait de deux ânes qui, cheminant ensemble sur la route de Beaune, arrivèrent en présence d'un magnifique chardon — Qui aura le friand morceau? Une vive contestation s'éleva entre les deux voyageurs. Ne pouvant s'accorder, ils prennent pour juge un certain monsieur aux oreilles longues et au front étroit, en qui ils remarquent certains airs de famille. Le juge, dans un long examen, dévore feuille par feuille le chardon. Les plaideurs regardent en se demandant quelle sera la sentence. L'arbitre dit d'un ton de président : pour ses frais, la cour s'adjuge le chardon. Quant à vous, mes amis, allez en paix.

La fable piqua au vif les Beaunois, ils crurent y reconnaître de transparentes allusions; et il y avait sur les bancs, des fils de juges, d'avocats et de procureurs qui proposèrent de payer les alexandrins du nouveau Piron avec une volée de bois vert. Heureusement cet avis ne fut point goûté. Claude était si joyeux camarade, qu'on lui pardonna.

Comme à cette époque on n'enseignait pas le grec au collège, l'infatigable écolier résolut de se livrer à l'étude de cette langue. Il découvrit à Beaune un savant Helléniste, qui avait professé en Italie; il le pria d'être son maître; il traduisit sous sa direction Homère et les chefs-d'œuvres des tragiques Grecs. Le vieux professeur, émerveillé de l'intelligence de son élève et de son aptitude pour les langues, lui enseigna l'Italien. Par mode de récréation, les soirs, ils lisaient la *Jerusalem Liberata*.

Après une année d'études, Claude parlait l'Italien et composait des poésies dans la langue du Tasse.

En réthorique, il fit une ample moisson de couronnes. Pendant ses années de collège, le jeune Volmaisien fut, par la gaîté franche de son caractère et la vivacité de son intelligence, le centre des autres élèves.

Claude Rossignol, après avoir fait sa philosophie à Plombières, et une année de théologie au grand séminaire de Dijon, se livra à l'enseignement.

M. le baron de Bretenières, premier président de la Cour de Dijon, redoutant pour son fils la mortelle influence de la philosophie professée à un faux point de vue, chargea M. Rossignol, dont il connaissait la haute capacité, d'initier ce jeune homme à cette science. Les leçons du maître confirmèrent dans l'élève les saintes et nobles traditions de la famille.

Le vieux président témoigna sa gratitude au jeune précepteur en lui confiant l'éducation de ses deux neveux, les fils de Nansouty. M. Rossignol leur enseigna les langues classiques, la littérature, et explora avec eux les plus hautes questions de philosophie et de religion. Ces deux élèves firent honneur à leur maître : l'un, officier de marine, mourut très jeune en combattant, et l'autre est aujourd'hui général et commandant de la légion d'honneur.

L'infatigable travailleur ne prenait d'autre délassement que celui d'assister aux séances de la Société des Bonnes Études, où il rencontrait l'élite de la jeunesse studieuse de la province, et particulièrement MM. Henri Lacordaire, Lamartine, Théophile Foisset, le poète Brugnot, le marquis d'Andelarre, et tous les élèves les plus distingués de l'Ecole de Droit.

Pendant que ses élèves étaient occupés à l'étude, il consacrait son temps à des traductions italiennes, et à de savants travaux sur les langues, la philosophie et la religion.

En 1834, il publia la traduction de l'*Histoire des Hérésies*, par saint Lignori, 2 vol. in-12; des *Sermons*, du même auteur, 2 vol. in-12; la *Vie* de ce grand saint, 1 vol. in-12. Les *Prisons* de Silvio Pellico ayant paru, M. Rossignol se sentit ému en lisant ces pages pleines de larmes et de touchante simplicité; il adressa à l'auteur une lettre italienne remplie de cœur et d'enthousiasme. Celui-ci répondit à son admirateur par l'envoi de deux volumes de poésies qu'il venait d'achever. Quelques mois après, en 1837, une traduction de deux volumes paraissait sous le nom de C. Rossignol, et était rapidement enlevée. — Le jeune traducteur se mit en relations avec une autre gloire italienne, en 1838, il traduisit la *Morale catholique de Manzoni*. — Voulant prouver à l'Italie que la Bourgogne est aussi le pays des belles productions intellectuelles, il envoya, en 1840, au-delà des Alpes, une *traduction* de la *Vérité Catholique* de M. Nault, procureur général à la Cour de Dijon.

Dans ce même temps, le traducteur se livrait à des travaux approfondis sur les langues dont l'étude demeura toujours l'une des passions de sa vie. En 1835, il publiait des *Études sur la langue hébraïque*. Plus tard, il faisait paraître successivement : *les Radicaux de la langue grecque dans leurs rapports avec les langues latines et néolatines* (1854), un *Dictionnaire des racines de la langue allemande, comparées avec ses congénères*, et un *Dictionnaire du français à son berceau comparé au patois bourguignon* : ces deux ouvrages sont manuscrits.

Cet esprit sérieux quittait les études de linguistique pour s'occuper de questions religieuses. En 1836, il publiait un ouvrage intitulé : La *Religion d'après les documents antérieurs à Moïse*. Il faisait paraître, en 1840, dans *les Annales de philosophie chrétienne*, une dissertation sur le *Prométhée d'Eschyle* au point de vue des rapports que ce mythe peut avoir avec les traditions bibliques les plus reculées. Le succès de cette étude, qui fit sensation dans le monde savant, engagea son auteur à publier dans la même revue un travail sur *Quelques relations remarquées entre les signes hiéroglyphiques égyptiens et le sens de certaines expressions hébraïques*.

En 1841, la Bourgogne perdit M. Maillard de Chambure, archéologue distingué et conservateur des archives de la Côte-d'Or ; le préfet, M. Nault de Champlouis, lui donna pour successeur M. Rossignol, dont il appréciait l'activité et l'intelligence. Le jeune savant, installé au palais des Archives, se mit à classer les richesses historiques de la province. *Il fit l'inventaire sommaire des archives de Bourgogne*, en 2 vol. in-4°, le premier est précédé d'une *Notice sur la Chambre des Comptes de Dijon*. Cet ouvrage fut publié en 1863 et en 1864. Il a été trouvé si méthodique et si remarquable qu'il a servi de modèle à tous les archivistes des départements, et un inventaire semblable a été ordonné dans tous les chefs-lieux de préfecture.

Ce travail de bénédictin ne suffit pas à la prodigieuse activité de M. Rossignol, il trouva du temps pour faire un cours d'archéologie chrétienne au Grand Séminaire de Dijon, et remplir la charge de secrétaire de l'Académie de cette ville.

Ayant été élu membre de cette société savante, en 1844, il lui paya un glorieux tribut de sa première année.

Strauss, ayant eu l'audace d'envoyer, comme une sorte de défi, sa prétendue *Vie de Jésus-Christ*, à l'aéropage dijonnais ; M. Rossignol releva le gant. Il répondit par deux volumes de *Lettres sur Jésus-Christ*, au docteur allemand et au Juif Salvador qui venait aussi d'insulter le Christ.

L'ouvrage demeura sans réplique ; il mérita à son auteur une lettre de félicitations de Pie IX.

En 1842, la Commission archéologique de Dijon admit M. Rossignol dans son sein et le nomma secrétaire.

Outre les comptes rendus annuels rédigés avec talent, il lut à cette société savante : une *Notice sur saint Bernard et sa statue*, *une histoire de l'abbaye de Saint-Seine et des Rapports* pleins d'intérêts, *sur des antiquités gallo-romaines découvertes à la source de la Seine et sur divers points du département.*

Pendant que l'archiviste dijonnais s'occupait d'histoire, de controverse et d'archéologie, un formidable orage se formait dans les sphères politiques ; il éclata au mois de février 1848 : le trône fut brisé et la République fut proclamée. Notre savant semblait devoir être à l'abri de la tourmente par des services rendus à la science et aux lettres, et par une vie pure et paisible passée loin des luttes de partis ; il n'en fut rien : le proconsul du département le chassa des Archives. Ce coup était rigoureux. M. Rossignol se retira avec sa famille dans une maison de campagne qu'il possédait à quelques kilomètres de Dijon. Dans cette riante solitude, il reprit ses études favorites et demanda aux lettres de le consoler de l'injustice des hommes. Ayant perdu l'espoir de rentrer dans son cher dépôt, il voulut se faire ouvrir les portes de l'Université ; M. de Montalembert approuva ce projet et, dans ce but, il subit un examen de licencié ès-lettres : il conquit glorieusement son diplôme.

Au lieu d'être professeur, il devint journaliste. On lui offrit, à Beaune, la rédaction d'une feuille démocratique : il accepta, à la condition que le journal changerait de couleur en changeant de rédacteur. La feuille beaunoise fit volte-face et conquit bientôt la première place dans la presse départementale.

L'habileté de M. Rossignol, comme polémiste, inspira aux conservateurs dijonnais la pensée de s'en servir pour créer un journal d'ordre. Un appel fut fait aux hommes notables appartenant aux opinions modérées, et l'*Union* fut fondée avec cette épigraphe. *Pro aris et focis, pour la défense des autels et du foyer*. L'entreprise dépassa toute espérance, grâce au talent du rédacteur; et quelques mois après, son successeur écrivait ces mots qui caractérisent le rôle que M. Rossignol joua comme journaliste : « *L'Union*, dit-il, vient à peine d'entrer dans le sixième mois de son existence et elle compte plus de seize cents abonnés, et chaque jour voit grandir à la fois son influence morale et sa prospérité matérielle. Ce résultat, peut-être unique dans les souvenirs de la presse départementale, *l'Union* le doit à l'honorabilité de ses fondateurs et au talent consciencieux de son rédacteur en chef, M. Rossignol, à la modération persévérante de sa politique, à son respect profond pour tout ce qui est respectable aux yeux de la conscience humaine : la famille, la propriété, la morale publique, les pouvoirs publics, la loi. Elle le doit à la position hautement indépendante qu'elle a su prendre au milieu des partis, et au rôle conciliateur qu'elle s'est ménagée sur le terrain des principes entre les éléments divers dont se compose la majorité. »

Au mois d'août 1849, M. Rossignol fut heureux de quitter l'arène des luttes politiques pour reprendre ses anciennes et paisibles fonctions qui lui furent rendues par un vote unanime du Conseil des Archives de France. Le savant et laborieux écrivain profita du riche dépôt confié à ses soins, pour continuer l'œuvre de M. de Barante et écrire l'histoire de la Bourgogne pendant la période monarchique. Dans l'espace de quelques années, il publia de remarquables travaux historiques dont voici les titres : *Des libertés de la Bourgogne d'après les jetons frappés par ses Etats*, un vol. in-8° (1859), ouvrage couronné par l'Institut. — *Histoire de la Bourgogne sous Louis XI* (1853), un vol. in-8°. — *La Bourgogne sous Charles VIII* (1853), un vol. in-8° ; ces deux ouvrages obtinrent une mention très honorable de l'Institut. — *Histoire de la ville de Beaune* (1854), un vol. in-8°.

Dans ces années, M. Rossignol continua d'être le membre le plus actif de l'Académie et de la Commission archéologique de Dijon : il lut dans ces assemblées des rapports du plus haut intérêt.

Rapports sur : *L'Ascia sculptée sur les tombeaux gallo-romains*. — *Un groupe de la Trinité placé dans l'église Notre-Dame de Dijon.* — *Les lacrymatoires.* — *Une invasion en Bourgogne.* — *Un portrait en émail de Catherine de Médicis.* — *Les Armoiries de Dijon.* — *Le fief de Crébillon.* — *La Fête des Fous et l'Histoire de la Mère-Folle de Dijon.* — *Le Bailliage de Dijon après la bataille de Rocroy.* — *Procès-verbal d'une recherche de feux en 1644*, etc.

M. Rossignol prit aussi une part active à tous les évènements qui émurent la cité dijonnaise. En 1852, il défendit dans un éloquent *Mémoire* les restes du palais des ducs de Bourgogne, — la tour de Bar et les cuisines monumentales — que l'on voulait détruire : il eut la joie d'empêcher cet acte de vandalisme. Il siégea au Congrès archéologique de France qui se tenait à Dijon en 1852 ; il lut à la séance d'ouverture l'*Eloge de M. de Saint-Mémin, conservateur du Musée de Dijon.* En 1854, il prononça, en présence du Congrès scientifique de France, l'*Eloge de l'amiral Roussin.* En 1856, il paya, au nom de la ville, dans une *Notice biographique*, un juste tribut de regrets à à M. André, maire de Dijon.

Le mérite de l'illustre Volnaisien fut justement apprécié en France et à l'étranger ; les principales sociétés savantes de Paris et des départements s'honorèrent de le compter pour membre, et les Académies de Belgique, de Savoie, de Bologne, de Berlin, et l'Institut archéologique de Rome furent fiers de se l'associer.

En 1857 éclata une lutte scientifique et littéraire qui, un moment, fixa l'attention du monde savant. Un Franc-Comtois, M. Lacroix, s'avisa de prétendre que l'Alésia des *Commentaires de César* n'était point, comme on l'avait cru jusque-là, Alise-Sainte-Reine, en Bourgogne, mais Alaise, en Franche-Comté. Cette erreur historique était présentée d'une manière spécieuse; des textes étaient cités, on faisait valoir habilement la conformation des lieux, on tirait un merveilleux parti des noms de climats. Le charme de la nouveauté séduisit certains savants, ils accueillirent la prétendue découverte et s'en firent les ardents champions. Alise, la véritable Alésia, se trouva de nouveau assiégée par de redoutables ennemis, et menacée de perdre son plus beau fleuron, la gloire d'avoir résisté longtemps à César et à ses légions, et d'avoir été le dernier boulevard de l'indépendance des Gaules.

M. Rossignol se fit le Vercingétorix de la cité Bourguignonne : il déploya dans sa défense une remarquable activité et fit valoir ses talents de critique, de polémiste, de logicien, de philologue, d'archéologue et d'antiquaire. Il culbuta les assiégeants sur tous les points. Il publia sur la *Question d'Alise* ces huit mémoires : *Etudes sur une campagne de Jules César* (1857). — *Examen critique d'un texte fondamental dans cette question* (1857). — *L'Alésia de César maintenue en Bourgogne* (1857). — *De l'Oppidum gaulois à propos d'Alésia* (1858). — *Nouvelles d'Alise.*

— *Le champ de bataille de Marengo, lettre à M. Thiers* (1861). — *De la valeur historique de Dion Cassius dans le récit de la conquête des Gaules, sous forme de lettre adressée au ministre de l'Instruction publique* (1861). — *Découverte des retranchements faits par Jules César pour le blocus d'Alésia.*

sous forme de lettre adressée à l'Institut archéologique de Rome (1861).

Monseigneur le duc d'Aumale a fait à M. Rossignol l'honneur de le citer dans un de ses remarquables ouvrages.

Dès le premier engagement, la victoire parut si assurée au village bourguignon que l'Institut de France décerna une médaille d'or à l'auteur des *Etudes sur une campagne de Jules César*. La *Lettre à M. Thiers* est digne de celui à qui elle s'adresse : c'est une réfutation fine et spirituelle des attaques dirigées contre Alise; l'auteur, appliquant à la bataille de Marengo le système de ses adversaires, démontre, d'une manière très spécieuse et très ironique, que le César français a remporté sa célèbre victoire non à Marengo, dans les plaines de la Lombardie, mais à Alaise, en Franche-Comté.

En 1865, M. Rossignol fit une dernière sortie contre ses adversaires : il publia dans *la Revue archéologique* un article sur *l'identité des mots Alésia, Alisia et Alise*.

La victoire remportée par le défenseur d'Alise eut des conséquences sérieuses sur son avenir personnel. Napoléon III, écrivant *la Vie de César*, s'intéressa à cette joûte historique : il fut si charmé de l'érudition et du talent de M. Rossignol, qu'un jour il manda aux Tuileries l'archiviste dijonnais. Il l'accueillit gracieusement et lui montra ses ouvrages sur les rayons de sa bibliothèque. On parla du conquérant des Gaules et de la chute glorieuse d'Alésia. A la fin de l'audience, l'Empereur serra la main de l'archiviste et lui dit en souriant : « Retournez à votre poste, nous nous reverrons bientôt. »

Quelques jours après, M. Rossignol recevait un décret, en date du 8 mars 1862, qui le nommait Conservateur adjoint des Musées impériaux, et le chargeait de la création d'un Musée gallo-romain à Saint-Germain-en-Laye.

La cité d'Alise témoigna sa gratitude à son habile champion. En 1861, elle lui accorda un terrain sur le plateau où fut la ville antique, afin qu'il élevàt une statue à l'intrépide et malheureux Vercingétorix, le dernier défenseur de la liberté gauloise. M. Rossignol rêvait d'ériger ce monument à l'aide des souscriptions de l'armée française; mais l'Empereur, s'emparant de cette patriotique pensée, s'est chargé seul de la réaliser. Le bronze, debout sur son piédestal, domine aujourd'hui la vallée des Laumes.

Le Conseil municipal et les habitants d'Alise donnèrent une autre marque de reconnaissance au vaillant joûteur; ils se cotisèrent pour lui offrir une épée d'honneur, qui fut portée au château de Saint-Germain par l'un des notables du village. Cette délicate attention émut profondément M. Rossignol, cette épée lui fut chère comme s'il l'eût gagnée sur un champ de bataille.

Le savant Volnaisien remplit activement la tâche que lui confia l'Empereur; il réunit au château de Saint-Germain les antiquités les plus rares et les plus curieuses des temps primitifs jusqu'à Charlemagne, et les classa par époques. En parcourant les salles de ce palais, on voit se dérouler, à l'aide de statues, d'inscriptions lapidaires, de bronzes et de médailles, toutes les phases historiques et artistiques des vieux âges de la Gaule et de la France. Le château de Saint-Germain mérite véritablement le nom de Musée des antiquités nationales. Ce Musée plaît moins à l'œil que celui de Versailles, où le pinceau des grands maîtres a retracé les glorieuses pages de notre histoire; mais il est plus instructif: il n'offre pas seulement l'image du passé, mais c'est le passé lui-même évoqué de la tombe.

Napoléon III, pour récompenser l'habile collectionneur, le nomma chevalier de la Légion d'honneur en 1864.

Le Volnaisien n'eut pas la joie de mettre la dernière main à son œuvre ; la faiblesse de sa santé l'obligea à prendre sa retraite en 1866.

Retiré à Bourbon-Lancy où des intérêts matériels l'appelaient, il écrivit l'histoire du *château de Saint-Germain* que lui avait demandée Napoléon III, de curieuses *Etudes sur le règne de Louis XIII*, et continua ses travaux archéologiques. De temps en temps, il adressait aux sociétés savantes d'Autun et de Moulins d'intéressants Mémoires. Sur la fin de sa vie il termina un travail sur les *Ordalies* que la société Eduenne, d'Autun, se propose de publier. M. Rossignol eut l'honneur d'être maire de Bourbon-Lancy. Il prit part aux améliorations de l'hospice d'Aligre, à l'établissement d'écoles religieuses et à la construction de la belle Eglise romane de cette ville.

Le 3 juin 1886, âgé de quatre-vingt-un ans, plein de jours et de mérites, il expira doucement, murmurant ces chrétiennes paroles : *Credo, spero, amo.* Je crois, j'espère, j'aime (1).

---

(1) On doit cette biographie à l'auteur érudit de l'histoire de Volnay, M. l'Abbé Bavard, curé de ce village.

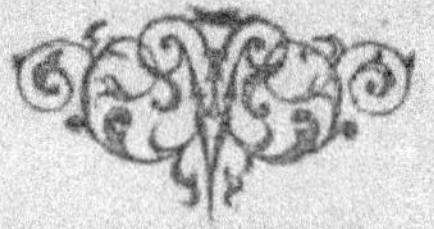

25497 Imp. WALTENER ET Cⁱᵉ, rue Belle-Cordière, 14. — Lyon